CELEBREMOS LAS FIESTAS ESTADOUNIDENSES

¿Por qué celebramos EL DÍA DE LOS CAÍDOS?

Kirsten Lake

Traducido por Ana María García

PowerKiDS press.
New York

Published in 2019 by The Rosen Publishing Group, Inc.
29 East 21st Street, New York, NY 10010

First Edition

Translator: Ana María García
Editorial Director, Spanish: Nathalie Beullens-Maoui
Editor, Spanish: Rossana Zúñiga
Book Design: Reann Nye

Photo Credits: Cover cdrin/Shutterstock.com; p. 5 MivPiv/E+/Getty Images; p. 6 Janece Flippo/Shutterstock.com; p. 9 lazyllama/Shutterstock.com; p. 10 WHL/Blend Images/Getty Images; p 13 Susan Law Cain/Shutterstock.com; p. 14 Dan Thornberg/EyeEm/Getty Images; p.17 SURKED/Shutterstock.com; p. 19 Jared C. Tilton/Getty Images Sport/Getty Images; p. 21 lofoto/Shutterstock.com; p. 22 Rob Hainer/Shutterstock.com.

Cataloging-in-Publication Data

Names: Lake, Kirsten.
Title: ¿Por qué celebramos el Día de los Caídos? / Kirsten Lake.
Description: New York : PowerKids Press, 2019. | Series: Celebremos las fiestas estadounidenses | Includes index.
Identifiers: LCCN ISBN 9781538333129 (pbk.) | ISBN 9781538333112 (library bound) |
ISBN 9781538333136 (6 pack)
Subjects: LCSH: Memorial Day–Juvenile literature.
Classification: LCC E642.L345 2019 | DDC 394.262–dc23

Manufactured in the United States of America

CPSIA Compliance Information: Batch #CS18PK: For Further Information contact Rosen Publishing, New York, New York at 1-800-237-9932

CONTENIDO

El Día de los Caídos es un día feriado en Estados Unidos. Honra a los soldados que murieron sirviendo al país.

El Día de los Caídos se celebra el último lunes de mayo.

Hasta el mediodía, la bandera estadounidense ondea a **media asta**.

Mucha gente va al cementerio en el Día de los Caídos.

Ponen banderas en las **tumbas**
de los soldados caídos.

El presidente visita
el Cementerio Nacional
de Arlington, en Virginia.

Muchas ciudades celebran
el Día de los Caídos
con un **desfile**.

THE NATIONAL
MEMORIAL DAY
PARADE
WASHINGTON, DC
IN MEMORY OF THOSE
WHO HAVE GIVEN
THEIR LIVES FOR OUR
COUNTRY

Las 500 Millas de Indianápolis
es una gran carrera de autos.
Tiene lugar cada año
en el Día de los Caídos.

Algunos van de pícnic
en el Día de los Caídos.
Se reúnen con familiares
y amigos.

KOREA
MAY 13 1924
JAN 10 1989

El Día de los Caídos es
un día feriado para recordar
a los héroes caídos
de Estados Unidos.

Palabras que debes aprender

(las) tumbas

media asta

(el) desfile

Índice

Sitios de Internet

Debido a que los enlaces de Internet cambian constantemente, PowerKids Press ha desarrollado una lista en línea de sitios de Internet relacionados con el tema de este libro que se actualiza regularmente. Utiliza este enlace para acceder a la lista: www.powerkidslinks.com/ushol/mem